www.ingramcontent.com/pod-product-compliance
Lightning Source LLC
LaVergne TN
LVHW012119070526
838202LV00056B/5781
* 9 7 8 3 7 4 9 7 2 9 4 1 8 *